だから私は、神を信じる

加藤一二三
KATO, hifumi

日本キリスト教団出版局

上）エマオにある遺跡にて
下）再現された「最後の晩餐の部屋」にて

上）タブハの聖ペトロ首位権教会にある
「復活の主の食卓」にて
右）エルサレムの「ヴィア・ドロローサ」にて

上）教皇フランシスコからいただいたロザリオ
右）自宅に飾ってある
幼きイエス（サントニーニョ）の像

まえがき

私にとって今年のクリスマスは、いつもに増して感慨深いクリスマスです。キリスト教の洗礼を受け、神さまを信じるようになってから五〇年目という記念すべき日だからです。

私は三〇歳のとき、一九七〇年一二月二五日にカトリック下井草教会でマンテガッツァー神父から受洗し、キリスト教の信仰を歩む者となりました。それ以来、私の人生は信仰に支えられてきたといっても過言ではありません。

みなさんは「キリスト教とはどのような教えを説いているのか？　信仰に支えられるとはどのようなことか？」と思われることでしょう。この本では、そうした問いにお答えするとともに、私が神さまをどのように信じてきたかをお話ししたいと思います。

現在のローマ・カトリック教会の教皇フランシスコは、「キリスト教の話をするときは抽象的な話ではなく、具体的な体験を話すように」とおっしゃっています。だからこそ私も、自分が体験し、実際に感じていることをみなさんにお伝えしたいと思います。

将棋に関するいろいろな本でも私の信仰やキリスト教については折にふれてお話ししてきましたが、この本ではより深くみなさんにそれらについて知っていただくことができると思います。

この本を読まれたみなさんが、神さまや聖書の教えのすばらしさを感じられますことを願っています。

＊目　次＊

2章　聖書やキリスト教を伝えた人々　47

◉ミサ

キリスト教において、神さまに感謝や祈りをささげる行為や儀式を「典礼《てんれい》」や「礼拝」と言います。カトリックの典礼において特に重要であるのが「ミサ」です。プロテスタントでは「聖餐式《せいさん》」と言われます。イエスさまが十字架にかけられる前に弟子たちと共にした、最後の食事（最後の晩餐《ばんさん》）を起源とする儀式です。イエスが復活された曜日である、日曜日に行われるミサは特に大切です。

◉秘跡《ひせき》（サクラメント）

目に見えない神の恵みを具体的なしるし（儀式）として表すものです。カトリックには、「洗礼」（キリスト教に入信する）・「聖体《せいたい》」（キリストの体であるパンをいただく）・「堅《けん》信《しん》」（聖霊の恵みのうちに信仰を強める）・「ゆるし」（罪を告白し、神のゆるしを乞う）・「叙階《じょかい》」（聖職者となる）・「結婚」（神さまへの誓約のもとに家庭を築く）・「病者の塗油」（病にある人に油を注ぐ）といった、7つの秘跡があります。カトリックの洗礼を受けた人のみがあずかることができます。プロテスタントでは、「洗礼」と「聖餐」を「サクラメント」としています。

この本を読むために（用語解説）

◉イエス・キリスト

「イエス・キリスト」は、名字と名前ではありません。「キリスト」は「救い主」を意味しており、「イエスは救い主である」という信仰を宣言する言葉です。十字架と復活によって、すべての人々を罪から解放して永遠の命へと導いてくださった方こそイエスさまです。

◉カトリック

「普遍的」「公同的」を意味するギリシャ語に由来する言葉です。通常「カトリック」という場合には、ローマ・カトリック教会を表します。ローマ教皇を最高指導者とし、約13億人の信者がいます。

◉聖書

「旧約聖書」と「新約聖書」があります。旧約聖書には、イスラエルの歴史の物語や預言者の言葉が、新約聖書にはイエスさまや弟子たちの言葉や行いが描かれています。特に、イエスさまの行いや言葉が描かれた書物を「福音書」と呼びます。

＊聖書の書名表記や引用は、主に『聖書 新共同訳』（日本聖書協会）に基づいています。

1章

聖書やキリスト教から教えられたこと

聖書が伝えること

キリスト教の「聖書」は、言わずと知れた世界のベストセラーです。聖書は、「旧約聖書」と「新約聖書」から構成されています。旧約聖書、新約聖書にはそれぞれ「約」という字が付されています。これは「契約」の「約」、より詳しく言うならば「神さまと人が交わした約束」を示しています。つまり、新約聖書と旧約聖書には、神さまと人間との契約や約束が記されているのです。

旧約聖書・新約聖書にはどちらにも神さまの教えが示されていますが、大まかにご説明するならば、旧約聖書はイエス・キリストが生まれる前のこと、そして新約聖書はイエス・キリストが生まれてからのことが書かれています。

初めて聖書を読む方におすすめしたいのは、新約聖書にある「山上《さんじょう》の垂訓《すいくん》」

（「山上の説教」とも言われます）です。イエス・キリストが宣教《せんきょう》（神さまの教えを広めること）を始めて最初に人々に話されたその言葉には、イエスさまの教えが凝縮されていると思うからです。

心の貧しい人々は、幸いである、天の国はその人たちのものである。
悲しむ人々は、幸いである、その人たちは慰められる。
柔和な人々は、幸いである、その人たちは地を受け継ぐ。
義に飢え渇く人々は、幸いである、その人たちは満たされる。
憐れみ深い人々は、幸いである、その人たちは憐れみを受ける。
心の清い人々は、幸いである、その人たちは神を見る。
平和を実現する人々は、幸いである、その人たちは神の子と呼ばれる。
義のために迫害される人々は、幸いである、天の国はその人たちのものである。

（マタイによる福音書5章3～10節）

冒頭にある「心の貧しい人」とは「自分が人生を歩んでゆくにあたって、ただ神さまだけにより頼む人」であると理解することができます。自分だけでは何もできないと思い、神さまを深く信じて助けを求める人ということでしょう。

さらに、「神を見る」のは「心の清い人」であると言われています。カトリックの聖人（優れた信仰をもっていたとして尊敬を受ける人）のなかには、イエスさまと神秘的に出会った人がいます。その方々がイエスさまと会えた――「神を見る」ことができた――のは、その心が清かったからでしょう。

カトリックの司教（カトリックの位階《いかい》の一つで、任された地域の教会活動に責任を負う人）である森一弘《もりかずひろ》司教は、心の清い人とは「自分の目的のために人と接することをしない人」、つまり自分の目的を達成するために人を用いたりすることがない人だとおっしゃいます。心にあるものが言葉や態度として外に現われるからこそ、心を清くする必要があると言えます。

先ほど引用した教えの少し後には、このような言葉が置かれます。「あなたがたは地の塩である。……あなたがたは世の光である」（マタイによる福音書5章13〜14節）。塩は清めや味付けに用いられ、光は周りを明るく照らすものですから、この言葉は、「あなたがたは世のなかにある問題を清めつつ、世界を明るく照らしていきなさい」ということを語っています。

最近私の心に響いている聖書の言葉は、「わたしは、あなたがたをみなしごにはしておかない。あなたがたのところに戻って来る」（ヨハネによる福音書14章18節）です。死が近づいていることを悟ったイエスさまが弟子たちにおっしゃったこの言葉からは、イエスさまがいつも私たちと共にいてくださることが感じられ、深い安心をいただきます。

そのほかにも聖書にはたくさんの良い教えが書かれていますので、私も毎日聖書を読むように心がけています。

キリスト教の信仰によって学ぶこと

キリスト教の教えを信じることによって、私の生き方は大きく変えられました。洗礼を受ける少し前、私は将棋人生に行き詰まりを覚え、このままでは先がないというつらく苦しい日々を過ごしていました。指し盛りの頃なのに勝率は五割程度に留まり、周りの方からも「将棋の内容に面白みがなくなった」と言われ、タイトルの挑戦や棋戦優勝からも遠のいてしまっていました。何とかその状況を打破しようとしたものの、正直空回りばかりでした。しかし洗礼を受けてから、私の将棋は本当に変わっていったのです。

イエスさまのことばやキリスト教の教えを振り返るとき、そこに言われているのは良い生き方、幸せなあり方への促しなのではないかと私は思っています。

特に私が大切だと感じている教えは、「忍耐」「慰め」「謙遜」です。

イエスさまの教えを広めたパウロ（パウロについては、56頁以下を参照してください）の手紙には、次のようにあります。「わたしたちは、聖書から忍耐と慰めを学んで希望を持ち続けることができるのです。忍耐と慰めの源である神が、……わたしたちの主イエス・キリストの神であり、父である方をたたえさせてくださいますように」（ローマの信徒への手紙15章4〜6節）。ここには、私たちが聖書から学ぶのは忍耐と慰めであり、それらの源は神さまであることが述べられています。

忍耐とは徳であると私は感じています。たとえ人の目には無意味に見えても、自分がなすべきことであればそれをするということです。すなわち、たとえ人に評価されなくても、黙々と自分の役割を果たすのです。

しかし実際には、忍耐のみによって生きるのはなかなかつらいものです。だからこそ、神さまからの慰めによって、うれしいことや楽しいことを経験して、普段の労苦をねぎらっていただくのです。慰めが与えられることによって、「よし、頑張ろう」という力が湧いてきます。

このように、私たちの歩みには自分自身の忍耐と神さまによる慰めが不可欠であり、その両方があるからこそ希望をもって生きてゆくことができるのだ、と聖書は語っているのでしょう。

アビラのテレサ

ご存じの方も多いと思いますが、カトリックには「聖人」と呼ばれる人たちがいます。すばらしい生き方や信仰を示した彼らの歩みを通して、私たちは多くを学びます。

「謙遜」について、スペインの聖人であるアビラのテレサ（一五一五～八二年）は、自著『完徳の道』のなかで「信仰におけるチェスのクイーンは謙遜だ」と述べています。チェスにおいて「クイーン」は最強の駒ですから、謙遜こそが信仰において最も強い力を発揮し、信仰を養うということを彼女は言っているのです。

こうした忍耐、慰め、謙遜に加え、キリスト教は「理性」や「貧しく弱い立場にある人を思うまなざし」の重要さも教えていると思います。

イタリアの聖人であるシエナのカタリナ（一三四七～八〇年。61頁参照）は、「人は両目を見開いて歩いているときには、道を外さない」とおっしゃいました。この「両目」というのは、理性であると私は理解しています。思いのままに生きるのではなく、自分の思いや考えを理性によって裏付けることによって良い歩みができるということです。

弱く貧しい人へのまなざしは、「山上の垂訓」をはじめとする聖書の多くの箇所に記されています。イエスさまも、社会的な弱者と積極的に関わられました。現在の教皇フランシスコも、教会は「最も弱い人々、病者たちを受け入れる」場でなければならない、とおっしゃっています。

ゆるしの秘跡による恵み

カトリックには「秘跡《ひせき》」と言われるものがあります。英語では、「サクラメント」と呼ばれます。カトリックには「洗礼の秘跡」「結婚の秘跡」など七つの秘跡がありますが、ここではその一つである「ゆるしの秘跡」にまつわる私の体験をお伝えしたいと思います。

ゆるしの秘跡とは、自分が犯したことをイエスさまの代理人である司祭に告白し、神さまのゆるしを乞う儀式です。欧米の映画には、キリスト教の信者が小さい部屋で格子越しに司祭に自分の罪を告白するシーンが時々登場しますね。あれがまさにゆるしの秘跡です。日本では、「告解《こっかい》」「懺悔《ざんげ》」とも呼ばれます。

洗礼を受けてから二年ほどたった一九七三年一月一五日に、私はカトリック吉祥寺教会でゆるしの秘跡にあずかりました。すると、その翌々日にあった有吉道夫さんとのA級順位戦の対局で、不思議と非常に充実した内容の将棋を指すことができたのです。その結果、私は「名人戦」というタイトル戦の挑戦者となりました。

後に、その対局に関するエピソードを私は耳にしました。有吉さんとの対局を側《そば》で見ていた観戦記者（将棋の対局を取材する記者）が、ある方に宛てた手紙に「加藤さんはものすごく強くなった」と書いていたというものです。そのことを聞き、対局をはたから見ていた人も、ゆるしの秘跡を通して神さまが与えた恵みの働きを感じたのだ、と私は感動しました。自分の力を超えた働きによって冴《さ》えた将棋を指したと感じたのは、当事者の私だけではなかったのです。

それが、ゆるしの秘跡によってもたらされる恵みを実感した最初でした。それ以来、対局の前日には教会に行って三時間程度祈り、積極的にゆるしの秘跡にもあずかるようにしました。それは単に将棋に勝ちたいからということではなく、ゆるしの秘跡を通して働く神さまの恵みのうちに、充実した良い将棋を指したいと願うからです。秘跡は、何かすごいものをもたらすアラジンの魔法のランプのようなものではありません。また、ゆるしの秘跡では、秘跡を受ける人に司祭が助言を与えますが、その言葉が良いことを起こすおまじないなのでもありません。

秘跡にあずかった私がすごいのでもなく、私の告白を聴いた司祭が奇跡を起こすのでもありません。あくまで秘跡や祈りというのは、それらを通して、人間を超えた存在である神さまが実際に働いておられることをあらわすもの、神さまからの恵みが目に見える現実として起こるものなのです。


あるとき私は、二〇世紀のポーランドの聖人である聖ファウスティナ（一九〇五～三八年）の次のような言葉に出会いました。それは「告解室（ゆるしの秘跡が行われる部屋）にはイエスさまが神秘的な形でいらっしゃる」というものです。

それを聞き、私はゆるしの秘跡のときにイエスさまがそこにいてくださったから、あのように神さまの恵みが実際に働いたのだと納得しました。

教皇フランシスコのこの言葉は、ゆるしの秘跡がいかに大切なものであるかを教えています。

……二日前、二週間前、二年前、二〇年前、四〇年前でしょうか。……自問してください。最後に告白（ゆるしの秘跡）をしたのはいつだっただろうか。長い時間が経っていたなら、明日を待たずに、告白に行ってください。……（イエスさまは）深い愛をもって受け入れてくださいます。

ゆるしの秘跡は、自分の弱さや欠点を告白することを通して、自分が抱える重荷を神さまに取り除いていただくものです。さらには、私たちの重荷を取り除こうとしてくださる神さまのやさしさやあわれみに満ちた御心《みこころ》（思い）を、実際にあらわすものなのです。

祈りとは？

「祈りとはどういったものですか？」というお尋ねをこれまでもいただきました。そうしたとき、私は新約聖書のルカによる福音書18章にある「やもめと裁判官」のたとえ話をするようにしています。このようなお話です。

ある町にいた、神を畏れず人を人とも思わない裁判官のところへやもめがやってきました。そのやもめは何度も「相手を裁いて、わたしを守ってください」と求めたものの、裁判官はとり合おうとしません。けれども、やもめの執拗《しつよう》なまでの訴えに根負けし、裁判官は「自分は神など畏れないし、人を人とも思わない。しかし、あのやもめは、うるさくてかなわないから、彼女のために裁判をしてやろう。さもないと、ひっきりなしにやって来て、わたしをさんざんな目に遭わすにちがいない」と心を変えた、というものです。

この話は、気を落とさず、あきらめないでしつこく祈り求めることの大切さを教えています。「求めなさい。そうすれば、与えられる。探しなさい。そうすれば、見つかる。門をたたきなさい。そうすれば、開かれる」（ルカによる福音書11章9節）という聖書の言葉にも、積極的に願うことの重要さがあらわれています。

祈りに関する私の実体験を、二つほどみなさんにご紹介しましょう。

まずは一九七二年一〇月、米長《よねなが》邦雄さんとのA級順位戦の対局を控えていたときのことです。祈ったほうがいいな、とふと思った私は、教会に足を運び三時間ほど祈りました。洗礼を受けてから、対局前に祈ったのはそれが初めてでした。いざ対局を迎えると、それまで感じたことがないような充実感がわき上がってくることを覚えました。そうした意気軒昂《けんこう》な気持ちで冴《さ》えた将棋が指せたのはそれが初めてでした。それ以来、対局前に祈りをささげるようにしました。

また一九七九年一月に行われた「王将戦」というタイトル戦の第四局におい

ても貴重な経験をすることになりました。

対局前日、私は教会でミサにあずかってから、対局がある大阪に向かいました。難しい将棋が展開されましたが、対局一日目のお昼休みに対局場近くのカトリック教会で祈ることによって「☖4五歩」という手を決断することができました。それは後に、二十五以上ものタイトルを得ている現名人の渡辺明さんに「あれはなかなか突ける手ではありません。どうして突けたんですか」と聞かれるような、普通はなかなか指せない手でした。

こうした体験により、神さまは祈りを通して恵みを具体的に示され、祈りによって自分のもっている以上の力が発揮されるということを実感しました。

上にご紹介した二つの対局において、私は勝つことができました。しかしそれは結果であると私は捉えています。何より、祈りを通して神さまの恵みや助けがもたらされ、後世に残るような名勝負を指せたことこそが喜びなのです。

私は「将棋に勝たせてください」と祈ったことはありません。ただ「良い将棋を指せますように」と祈ります。もちろんいくら祈ったからといって必ず良い将棋が指せるとは限りません。しかし、だからといって私の祈りや神さまの力に疑問が付されるのではなく、むしろそうした経験にも意味があることを覚えています。

キリスト教において最も大切な祈りに「主の祈り」があります。プロテスタントの学校に通われた方なら「天にまします……」と始まる祈りをご存じかと思います。そこでは「みこころが天に行われるとおり地にも行われますように」と祈られます。まさに、私たちの願いや思いが叶《かな》うことではなく、神さまが望まれることが実現しますように、と願うようイエスさまは教えておられるのです。

私も、何よりも神さまの御心《みこころ》が実現しますようにと祈りつつ、同時に、私の願いをも神さまが良い形で用いてくださるよう、あきらめず繰り返し繰り返し祈り求めていきたいと思います。

巡礼を通して感じた神の働き

クリスチャンの多くは、仕事や家庭生活をはじめとする場面で神さまの働きを感じるようです。私の場合、祈りや秘跡以外で神さまの働きを覚えたのは、「巡礼」においてでした。

巡礼とは、キリスト教の聖人ゆかりの地や聖人たちが葬られている地に行って祈りや感謝をささげることを言います。イエスさまが生きたイスラエル、十二使徒のひとりである聖ヤコブが殉教した後に葬られたとされるサンティアゴ・デ・コンポステラ（スペイン）、マリアさまが出現された場所など、世界中に「巡礼地」と呼ばれる場所があります。

日本にも、多くのキリシタンが殉教した長崎や五島列島、そしてキリシタンが弾圧・迫害された津和野の乙女峠などの巡礼地があります。

私もいろいろな巡礼地に行きましたが、特に神さまからの深い恵みをいただいたと感じたのは、イスラエルへの巡礼と、マリアさまが一人の少女に現れた場所であるフランスのルルドへの巡礼においてでした。

なかでも「加藤先生にとっての信仰の名局は？」と問われれば「イスラエル巡礼です」と答えるぐらい、イスラエルへの巡礼は格別でした。

合計三回イスラエルを巡礼するなかで、イエスさまが誕生されたベツレヘム、宣教活動をなさったガリラヤ湖、十字架の受難を受けられたエルサレムなどを回り、祈りをささげました。イエスさまが生きたのは二千年前のイスラエルですが、現在でもイエスさまが実際にいらしたとされる場所が数か所残っています。

一九八四年のイスラエル巡礼のときには、まさにイエスさまが十字架を背負って歩かれた道（ヴィア・ドロローサ）を、十字架を背負いながら歩くという経験をさせていただきました。ちょうど、キリストのご受難を思う「四旬節《しじゅんせつ》」という時期でしたので、感動もひとしおでした。

一九八〇年と一九八四年のイスラエル巡礼の後には、このようなことがありました。一九八〇年のときには「十段戦」というタイトル戦に、そして一九八四年のときには「王位戦」というタイトル戦に挑戦することとなったのです。それぞれのタイトル戦では、不思議と非常に冴えた内容の将棋を指すことができたおかげで、「十段」「王位」のタイトルを獲得することになりました。

こうした私の体験を読まれると「巡礼とはそんなご利益があるものなのか」と思われるかもしれませんが、そういうことではありません。私はタイトルを取りたいがためにイスラエルを巡礼したのではありません。イエスさまが生きられた場所で深く祈ったことにより、自分の力を超えた神さまの働きが具体的にあらわれたということなのです。タイトルをとったのは、あくまで結果です。

ルルドへ巡礼に行ったのは、一九八二年のことでした。ルルドというのは、

ルルドの聖母像

フランスのピレネー山麓の町です。一八五八年二月一一日、その町の洞窟において、聖母マリアが当時一四歳であった少女ベルナデッタに現れました。その後一五回以上、マリアさまはベルナデッタに出現されたといいます。

当時、出現された場所の近くに湧き出た泉の水によって、二〇年近く眼の病気を患っていた人が癒やされたとの奇跡が起きました。それ以来、ルルドを訪れる人の重い病が治癒するという奇跡が起こっています。そうしたことにより、ルルドはカトリックで重んじられている巡礼地の一つとなっているのです。

私もルルドの泉の水に自分の体を浸す経験をしました。すると、自分が造りかえられ、人間を超えた存在によって甦生《そせい》したという感覚を味わったのです。

ルルドにおけるその体験は、イスラエル巡礼同様に、神さまの働きや恵みにあずかった代えがたい経験となっています。

した。
「僕《しもべ》とあなたの民イスラエルがこの所に向かって祈り求める願いを聞き届けてください。どうか、あなたのお住まいである天にいまして耳を傾け、聞き届けて、罪を赦《ゆる》してください」(列王記上8章30節)。

現在、かつてあったエルサレム神殿の壁の一部が残されています。紀元70年に、神殿がローマ軍によって破壊された後、それを悲しむユダヤ人たちが残された神殿の壁の前で祈りをささげてきたことから、「嘆きの壁」と呼ばれます。

私もかつてこの場所を訪れ、そこで祈ったことがあります。小さな紙に祈りを書いて、嘆きの壁の石の間にはさむ人もいます。

現在の嘆きの壁(上)
嘆きの壁のすき間にはさまれた祈りが書かれた紙(下)

オススメの場所「エルサレム」

「なぜエルサレムがおすすめなのか」と問われれば、それはやはりイエスさまが実際にその場所に生きておられたから、となるでしょう。

イエスさまがかつてそこにおられたという場所に行き、「ここでイエスさまは○○をなさったのだ」と思うと、感慨深いものです。

巡礼中のある夕方、エルサレム近郊にあるオリーブ山からエルサレムの都を眺めたときには、私も何かふるさとに帰ったような気持ちになりました。

岩のドーム

イエスさまの頃のエルサレム神殿（第二神殿）があった場所には、現在イスラム教の岩のドームが建てられています。紀元前 10 世紀にエルサレム神殿（第一神殿）を最初に建てたのは、あの栄華を極め、知恵者であったソロモン王でした。

神殿が完成したとき、ソロモン王はこのように祈りま

苦しみの意味、罪が示すもの

人生を歩むなかで「苦しみ」に出会わない人はいません。進路、家族関係、仕事の人間関係……、さまざまな局面において私たちは困難を経験します。私も洗礼を受ける前、将棋にも行き詰まりつらい日々を過ごしていました。しかし今思えば、その苦しみがあったからこそ私は信仰へ導かれ、こうして今、生かされているということになります。そうした経験から、苦しみは「単なる苦しいこと」に留まらず、必ず何らかの意味をもっていると私は思うのです。

すでにご紹介したシエナのカタリナは、イエスさまと神秘的な出会いをした人でした。彼女が記した言葉にこのようなものがあります。「もし、隣人からどんな意外なことを話しかけられ、どんなにとんでもないことを言われても、それは、その背後にいらっしゃる神さまがその人にそうした言葉を言わせている」。

この言葉はこのようにもとれるでしょう。人生の歩みにおいて思いがけず出会う悲しみや苦難といった出来事の奥には神さまがおられる、と。

場合によっては、受け入れがたい体験をすることによって、他の人の悩みや困難に共感できるようになることもあるでしょう。一見、ネガティブに思える出来事が、思いがけず他の良い意味をもつこともあるのです。

これからの歩みに不安を覚えている方には、教皇フランシスコの次の言葉も参考になります。

「人間にとって古来からの悩みは、自分の一か月先に自分がどういった人生を送っているかを知りたいというもの。イエスの教えた主の祈りの精神に従ってゆくと、いちばん幸せになるのです」。

「主の祈り」とは、イエスさまが弟子たちに教えた大切な祈りです。そのなかでは「神さまのみこころが行われますように」「日毎の糧《かて》を与えてください」と祈ります。日毎の糧とは、衣食住、健康、仕事といった生きてゆくなかで不可欠なものです。たとえ不安や苦しみのなかにあっても、「日毎の糧を私たちに与えてください」と祈り、神さまが必要なものを備えてくださると信じながら人生を歩むことが大切だとイエスさまはおっしゃっているのです。

ところで、カトリックのミサの冒頭では「回心《かいしん》の祈り」が唱えられます。回心というのは、自分の言動を振り返り、神に心を向けることを言います。回心の祈りには、「わたしは、思い、ことば、行い、怠《おこた》りによって度々罪を犯しました」という言葉が登場します。良くないことを思い、良くないことを言って行い、なすべきことをしなかったことを「罪」として告白するわけです。

罪を考えるにあたって私が思い出すのは、イエスさまがローマ総督であるピラトの裁判にかけられている場面です。福音書に描かれています。

裁判のとき、ピラトは「ユダヤ人の王と言われるイエスと、バラバのどちらを釈放してほしいか」と群衆に尋ねます。群衆は、バラバを釈放するよう求めたあと、イエスさまを見て叫びます「殺せ。殺せ。十字架につけろ」、と。

私はこの群衆の叫びに罪を見出すのです。なぜなら、自分たちを救うためにこの世に来てくださったイエスさまに向かって「十字架につけて殺せ」と叫ぶからです。自分を助けてくれる人を殺すよう求めるなど、尋常ではありません。

カトリック教会では、復活祭（イースター）の二日前の金曜日を「聖金曜日」と呼びます。イエスさまが十字架にかけられたことを記念する日です。その日の典礼（礼拝）では、イエスさまが裁判にかけられる場面の聖書箇所が朗読されます。

そのなかで、典礼に参加する会衆は、さきほどの「殺せ。殺せ。十字架につけろ」とのセリフを口にします。毎年その場面で「殺せ。殺せ。十字架につけろ」と言うたびに、私は罪の重みや罪が何たるかを突きつけられるとともに、そうした私たちの罪をもゆるしてくださる神さまの限りない恵みを感じています。

神に委ねるという勇気

「委《ゆだ》ねる」という言葉を聞いたとき、みなさんはどのようなことを思い浮かべるでしょうか？　何かに自分を預けて、「棚《たな》からぼた餅《もち》」のようにどこからか良いものが訪れるのを待つことでしょうか？

私が「委ねる」ということを考えるときに思い出すのは、フランスの聖人であるリジューのテレーズ（一八七三～九七年）の生き方です。

リジューのテレーズは神さまに対する「信頼と委託」、すなわち、私たちを慈しんでくださる神さまはいつも自分と共にいてくださり、自分に良きことを示してくださるという確信のうちに生きた人です。

今でこそ、神さまは私たちを大切にしてくださる優しい方だという理解は一般的なものですが、「罪深い人間を厳格な神は簡単には救われない」と主張するヤンセニズム（一七世紀以降流行し、カトリック教会において異端的とされた思想）が横行する時代にあって、テレーズの気づきは非常に貴重なものであったのです。

「信頼と委託」というのは、自分は何も努力しないけれど不思議と恵みがやってくるということを表しているのではありません。自分がすべきことはした上で、神さまが良いことをなしてくださることを信じ、安心して歩むことを示しています。

また私が最近好んで口にする言葉に「計《はか》るは人、成すは神」があります。これは、物事を進める計画を立てて努力するのは人であるけれど、それを実らせるのは神さまであることをわきまえなさい、ということを語っています。

将棋でたとえるなら、このようになるでしょう。対局のとき、事前に私たちは相手の棋士のことを研究しますし、対局中には最も良い手（最善手）を一生懸命に考え、その手を指します。しかし、相手がその後どのように指すか、その将棋がどのように展開してゆくかは自分の予想や理解を超えているのです。実際私も、良い手を努力して考えて指した後の展開は、神さまに委ねていました。

さらにご紹介したい言葉が二つあります。「神の計らいは限りなく、生涯私はそのなかにいきる」（『典礼聖歌』52番）と、「わたしを包むあなたの英知は神秘に満ち、あまりに深く、及びもつかない」（詩編139編6節）です。

どちらの言葉も、人間を超えた神さまによるご計画（神秘）のうちに私たち人間が生かされていることを表しています。

「あまりに深く及びもつかない」とあるように、神さまの御旨《みむね》（ご計画、思い）というのは、私たちには計り知れないものです。私たちには、自分が予期しないような出来事が多く起こります。そのときには悲しく困難なことにしか思えなくても、少し時がたってから振り返ってみれば「あの出来事にはこうした意味があったのだ」とわかることもあります。そのように、私たちの目には不幸にしか見えないものであっても、神さまの目から見れば他の意味をもっている場合もあるということを、先にあげた二つの言葉は示しています。

神さまの計らいは人の思いや理解を超えているのでなかなかわかりません。しかしそれでも、神さまがご自分がお造りになった人間を大変気遣い、善き業《わざ》を行ってくださっていることを信じ、日々起こる出来事を通して神さまが自分に何を伝え、教えていらっしゃるのかを考えてゆくことが大切であると感じます。


聖書には、神さまがいつも私たちを思っていてくださることや神に委ねることの大切さが繰り返し語られています。その計らいに気づくことで、自分をはるかに超えた存在が自分を見守ってくれている、という安心感を抱くことができます。

すべて自力で解決しようと歯をくいしばるのではなく、必ず良い道が備えられていると安心することにより、私たちは直面することに全力投球できるのです。

私の好きな祈り

◉ノベナの祈り

「ノベナの祈り」は日本語では「9日間の祈り」「9日祈祷」「9日特祷」とも言われます。17世紀ごろから行われていたようです。神さまに特別な願いを聞き入れていただくことを求めつつ、9日間連続して祈ります。

◉ロザリオ

「ロザリオ」とは祈るときに用いる道具で、仏教でいう数珠《じゅず》のようなものです。代々の教皇も、ロザリオによって祈ることをすすめてきました。珠《たま》ごとに決められた祈りを唱えます。私も電車で移動するときには、ロザリオをよく唱えていました。

◉イコン

イコンは、聖書の場面や聖人の姿などが描かれた絵です。ロシア正教会などを含む東方正教会で発展しました。私も、もっている「ウラジミールの聖母のイコン」の前で度々祈っています。

ウラジミールの聖母のイコン

2章

聖書やキリスト教を伝えた人々

イエス・キリストの魅力とは？

「イエス・キリスト」と聞いたとき、みなさんのなかに浮かぶのはどのようなイメージでしょう？　西洋絵画に描かれる、十字架上の姿でしょうか？

私が思うに、日本人はイエスさまの誕生日であるクリスマスによって、イエス・キリストに親しみをもつのではないでしょうか。クリスマスのときには、どの教会もクリスチャンかどうかを問わず、多くの人でにぎわいます。

そこで、クリスマスについて少しご説明したいと思います。

クリスマスの出来事、すなわちイエス・キリストの誕生を描く聖書の記述には、当時のローマ帝国の皇帝の名前が登場します。「皇帝アウグストゥス」、いわゆるオクタビアヌスです。福音書にわざわざこの名前が記されるのは、イエス・キリストがこの世に実在した歴史的な人物であることを示すためです。

イエスさまの誕生の後、天使は言います。「わたしは、民全体に与えられる大きな喜びを告げる。今日ダビデの町で、あなたがたのために救い主がお生まれになった。この方こそ主メシアである」（ルカによる福音書2章10〜11節）。

イエス・キリストの誕生は、世界にとって大いなる喜びとなりました。イエスさまは私たちを救うためにこの世に来てくださったからです。

ジョット「東方三博士の礼拝」

福音書の他の箇所では、イエスさまの救いの業を、「多くの人の身代金として自分の命を献《ささ》げるために来た」（マルコによる福音書10章45節）、「人の子は、失われたものを捜して救うために来た」（ルカによる福音書19章10

節）と表しています。

イエスさまは、良い教えやしるし、そして十字架と復活によって、私たちを罪から解放して永遠の命（死後も神さまとの交わりのうちに生きること）へと導いてくださったのです。

良い教えとは、「山上の垂訓」をはじめとする、人々に良い生き方を促すものです。他方「しるし」というのは、病気の人を治すことや、人に取りついている悪霊を追い払うこと、いわゆる「奇跡」と言われるものです。そうしたしるしによっても、イエスさまは苦しみや病のなかにある人を救われました。「イエスは、方々《ほうぼう》を巡り歩いて人々を助け、悪魔に苦しめられている人たちをすべていやされた」（使徒言行録10章38節）とあるとおりです。

イエスさまの地上における歩みの頂点は、十字架と復活でした。

十字架にかかる前にイエスさまは、「わたしは去って行くが、また、あなたがたのところへ戻って来る」(ヨハネによる福音書14章28節) とおっしゃいました。「去って行く」は十字架で死ぬこと、「戻って来る」は復活のことを指しています。この十字架の死と復活があったからこそ、イエスさまを信じる人は永遠の命に導かれ、イエスさまの復活にあずかることができるのです。

ミサでは「主をほめたたえよう」という意味である、「アレルヤ(ハレルヤ)」という言葉がよく用いられます。ある司祭によれば、この語は「私たちの師であったイエスさまは復活された。復活されたイエスさまは、生前弟子たちが教えを乞うていた方と別人ではなく、同じ方である。イエスさまの復活によって、私たちも復活にあずかる希望をもつことができる」ことを表しているそうです。

もし私がイエスさまに直接お会いしたならば、尊敬や畏れをもってひれ伏すほかないでしょう。実際福音書には、イエスに出会った人がひれ伏したと記されています。それぐらいイエスさまは、私にとってはすばらしい方なのです。

マリアさまが示した模範

カトリック教会において、イエスさまの母親であるマリアさまは「聖母マリア」と呼ばれ、信仰者の模範ともされます。また、カトリックの信者が祈るときには、マリアさまに「執《と》り成《な》し」を願うことも多くあります。プロテスタントの方にはなじみがないかもしれませんが、執り成しとは自分の祈りが神さまに聞き入れられるよう、聖人や既に亡くなった人にとりついでもらうことを言います。

マリアさまが人々の祈りを執り成すことの原型は、新約聖書の物語に見られます。ヨハネによる福音書2章に描かれる「カナの婚礼」というお話です。

この話の舞台は、結婚式の宴会です。イエスさまやマリアさまもそこに招かれていました。宴会で飲むぶどう酒が足りなくなったのを見たマリアさまは、イエスさまに「ぶどう酒がなくなりました」と言われます。イエスさまに何とかしてもらいたかったのでしょう。そこにいた召し使いたちに向かっても「イエスさまが言うとおりにしてください」と言います。イエスさまは、いったんはマリアさまの願いを拒否するようなことを言いますが、水がめに水をいっぱい入れ、それを宴会の世話役にもっていくよう召し使いたちに命じます。言われたとおりに召し使いたちがすると、なんと水はぶどう酒に変わっていました。

このお話は、マリアさまがイエスさまに願い、執り成すことによってイエスさまが奇跡を行われたことを表しています。

マリアさまのことを思いめぐらすときには、他の聖書箇所も心に浮かびます。それは、イエスさまのご受難、すなわち十字架にかかられたときの場面です。イエスさまの十字架の下には、マリアさまをはじめとする女性数人と、ヨハネと思われる弟子とがいました。十字架上のイエスさまは、母親であるマリアさまに向かって「(このヨハネが) あなたの子です」と言い、ヨハネに向かっては

フラ・アンジェリコ「十字架の下の聖母マリア、福音書記者ヨハネ、マグダラのマリア」

「（このマリアさまが）あなたの母親です」と言われました（ヨハネによる福音書19章25〜27節）。

カトリックでは、イエスさまのこのことばから、マリアさまのことを人類を代表する母、すなわちすべての人の母親として理解しています。

マリアさまの生き方を表す言葉に「お言葉どおり、この身に成りますように」（ルカによる福音書1章38節）というものがあります。これは、結婚もしておらず男性を知ることもなかったマリアさまが、「あなたは身ごもって男の子を産む。……神にできないことは何一つない」と、イエスさまが誕生するという知らせを、大天使ガブリエルから告げられたときに発した言葉です。

思い当たることもないのに急に「あなたは赤ちゃんを産む」と言われれば、普通はパニックになることでしょう。しかしマリアさまから出てきたのは、天使ガブリエルの言ったことが現実となりますように、という言葉でした。そのことはまさに、天使が言った「神にできないことは何一つない」という言葉を信じ、神が望むことが実現するよう願った姿勢を示しています。

イエスさまが十字架にかかったとき、ほとんどの人が自己保身のために逃げてしまうなか、マリアさまは数人の女性と共に十字架のもとにたたずんでいました。大切な息子の無残な死に様を目の当たりにし、その胸が張り裂けんばかりだったことでしょう。しかし、その出来事を通して、神が望まれることが果たされること、神の働きの不思議をも彼女は感じていたに違いありません。そうしたマリアさまの姿に、キリスト教では神を信じる者の模範的姿を見出すのです。

私もマリアさまに執り成しを願ってよく祈ります。そして、マリアさまを自分の母親であると心底思えるようになりたいと願っています。

パウロとペトロについて

パウロとペトロは、キリスト教の最初期における重要な人物です。二人の祭日（聖人などをお祝いする日）は、同じ六月二九日です。

まず、パウロについてです。

私はパウロに格別な親しみをもっています。それは「パウロ」が私の霊名（洗礼名）だからです。私を「パウロ先生」と呼ぶ方がいるのは、そうした理由によるものです。「霊名（洗礼名・堅信名）」というのは、カトリックの信者が洗礼や堅信という秘跡を受けるときにもらう名前のことです。主に、聖書の人物や聖人（優れた信仰をもっていたとして尊敬を受ける人）の名前からつけられます。

パウロは、小アジアのタルソス出身のユダヤ人でした。その言葉や行いは、新約聖書に収められている「使徒言行録」やパウロが残した多くの手紙に記されています。

彼はユダヤ教の律法を学び、その教えを守ることに人一倍熱心な人でした。さらに、イエスを救い主であると信じるクリスチャンや教会を迫害していた人でした。しかし、天からの光のなかでイエスさまと神秘的に出会うことによって悔い改め、心を入れ替えた後、命がけでイエスの教えを多くの人々に伝えるようになったのです。

コルトーナ「パウロの回心」

パウロがギリシャやトルコ、ローマまで旅し、行く先々でイエスさまの行いや教えを伝えたからこそ、キリスト教は世界へと広まっていきました。パウロは日夜テントづくりの仕事をし、大変苦労しながら宣教したようです。

次はペトロについてです。

ペトロは元々、ガリラヤ湖で漁師をしていました。本来の名前は「シモン」で、「ケファ」とも呼ばれます（「ペトロ」「ケファ」ともに、「岩」という意味です）。自分についてくるようイエスさまに呼びかけられ、弟子となりました。イエスさまの弟子のなかでも指導的立場にあったようです。カトリックではペトロを初代教皇と考えています（現教皇フランシスコは、二六六代教皇です）。

ペトロから私が学ぶのは、「悪魔の誘惑」についてです。ペトロが記したとされる手紙には、次のようにあります。

身を慎んで目を覚ましていなさい。あなたがたの敵である悪魔が、ほえたける獅子のように、だれかを食い尽くそうと探し回っています。信仰にしっかり踏みとどまって、悪魔に抵抗しなさい。

（ペトロの手紙一 5章8～9節）

悪魔というと、遠いどこかにいて悪い仕業をする存在というイメージがあります。特に日本人は、悪魔や悪霊と言ってもピンとこないようです。しかし聖書では、親しい友人同士や家族の仲を裂く力、悪いことを引き起こすものを、悪の働きと捉えています。その意味で、悪魔は私たちの日常に存在するものなのです。実際、アビラのテレサ、シエナのカタリナをはじめとする数々の聖人も、悪魔や悪霊をいかに退けるかを述べてきました。

福音書には、イエスさまが荒れ野で悪魔の誘惑を受けたとの記述があります。悪魔は、「奇跡を起こしてみろ」「この世の権威を握る自分を拝め」「神を試せ」という三つのことによってイエスさまを誘惑します。それに対しイエスさまは、ご自分のことばや力ではなく、神さまのことばをもって抵抗しました。

ペトロの「信仰にしっかり踏みとどまって、悪魔に抵抗しなさい」という言葉にも、神さまの力によって悪に争うことが言われています。

聖人のことばと教え

すでにお話ししたなかでもご紹介しましたが、カトリックには、多くの「聖人」がいます。聖人とは、その行いや生き方に深い信仰が示されているとして尊敬を受ける人々のことです。良い生き方をしたことによって、亡くなったらすぐに天国に行ける方であると私は思っています。

有名な聖人としては、神学者であったアウグスティヌス、すばらしい教えを残したアビラのテレサやリジューのテレーズなどが挙げられます。現代に生きた聖人としては、マザー・テレサや教皇ヨハネ・パウロ二世がよく知られています。

ちなみに、カトリックには国や地域、職業ごとにさまざまな「守護聖人」がいます。たとえば、聖パトリックはアイルランドの守護聖人、聖ルカは医師の守護聖人といった具合にです。なくし物をしたときの守護聖人もいます。

ここでは何人かの聖人の生き方や教えをご紹介したいと思います。

シエナのカタリナは、ドミニコ修道会の第三会の会員でした。「第三会」というのは修道会によって創立された信者の会のことで、その会員になった人は、一般社会を歩みつつ、それぞれの修道会の教えやモットーに従って生きます。

シエナのカタリナは、貧しい人やペスト患者への奉仕の生活を送り、さらにはカトリック教会内にあった分裂の和解にも努めました。また、イエスさまとの神秘的な出会いのなかで、彼女は「物体ではない霊魂は不滅である。だから救われるか救われないかのどちらかだ」というメッセージを授かりました。

さらに、「お金は神さまから預かったものとして大切に扱うべきである」という言葉を彼女は残しています。その言葉は、自分で稼いだお金は自分のものであると思ってしまいがちな私たちに自制を促すとともに、神さまへの感謝をもたらしてくれることでしょう。

同じく彼女が残した「神さまからいただいた良いことは、感謝して思い返すべきです」「人は、どんな仕事も良い意向をもってすればすべて尊い」という言葉も、私が好んでいるものです。

アビラのテレサは、カルメル修道会の修道女でした。さまざまな神秘的な体験をし、非常に深い信仰の次元を示す著作を残しました。その一つである『完徳の道』という本には、チェスのたとえ話が登場します。チェスが強かったようで、修道院に入る前には父親にせがまれてチェスの相手をしていたようです。おそらく、信仰を説くのにチェスのたとえを用いたのはこの方ぐらいでしょう。

リジューのテレーズは、信仰の天才であったといってよいでしょう。弱冠一五歳で、アビラのテレサと同じカルメル会に入りましたが、そのときすでに神さまのことを悟っていたと言います。

テレーズの言葉で印象深いものは、彼女の『自叙伝』に登場する「初聖体の日には何を願っても必ず聞き入れられる」です。実際、自身の初聖体（初めて、キリストの体である聖体を拝領すること）のとき、テレーズは貧しい人のために祈りをささげたと言います。

これまでご紹介したシエナのカタリナ、アビラのテレサ、リジューのテレーズは、いずれも「教会博士」とされています。教会博士というのは、聖なる生き方をした上で良い教えを説いた人や、優れた知識をもっていた人に与えられる称号です。教会博士は全員で三五人おり、女性の教会博士は四人います。

その他にぜひご紹介したいのは、ポーランドの聖人であるファウスティナです。彼女は「神さまは、この世を去った人々のために、地上に残った人々が執り成しの祈りをすることを喜ばれる」と語っています。

ファウスティナは、死を目前にしたときに死の恐れを取り除くための行いをすすめています。私もぜひそれを行いたいと思っています。

カトリックの司祭や修道者の役割

カトリックには「司祭」や「修道者」と呼ばれる人々がいます。

「司祭」とは、キリスト教を伝え、キリスト教の信者を教え導く人です。その最も大切な務めは、ミサ、あるいは洗礼をはじめとする秘跡を執り行うことです。ミサを司式できるのは司祭のみです。なかには、大学で経済学、物理学、人間学などを教える司祭、あるいは外交官的働きをする司祭もいます。

司祭になるには、聖書、神学、哲学を五年以上にわたって学ぶ必要があります。ミサでは「説教」を行い、神さまのことばである聖書をとき明かさなければなりません。ゆるしの秘跡では、秘跡を受ける人に適切な助言をすることが求められます。そのための研鑽《けんさん》も積まなければなりません。

日本には海外から来ている司祭も多くいますが、みなさん日本語が堪能であることに驚かされます。日本で働く外国人司祭、あるいは海外で働く日本人司祭には習慣や言葉の面で苦労が多いことを思います。

「修道者」とは、イエズス会、ドミニコ会、カルメル会といった修道会に属する人のことを言います。結婚できないという点においては司祭と共通しています。修道者でありかつ司祭である人を「修道司祭」と呼びます。

修道会には、「観想修道会」と「活動修道会」とがあります。

観想修道会というのは、外の世界との交わりは極力さけ、沈黙と単純な労働（農作業など）のうちに、祈りの生活を送る修道会です。リジューのテレーズやアビラのテレサが入っていたカルメル会や、トラピスト会がそれに当たります。

一方、活動修道会というのは、教育や福祉等を通してこの社会のなかで神の働きを示してゆく修道会です。イエズス会や、マザー・テレサが創設した「神の愛の宣教者会」がそれに当たります。ポーランド人の聖人であるマキシミリアノ・

コルベ神父（一八九四〜一九四一年）が所属していたコンベンツァル・フランシスコ会は、日本において出版事業を展開し、印刷物を通して宣教活動を行っています。

修道者は、修道会が掲げるモットー（「カリスマ」とも言います）や修道会の創設者の生き方に倣《なら》って、「清貧・従順・貞潔《ていけつ》」の教えを守りながら共同生活を行います。「清貧」はイエスのことばに従って貧しい者として生きること、「従順」は自分の意志や要求ではなく神の望みに従うこと、「貞潔」は情欲や欲求に振り回されるのではなく、自分のすべてを神にささげることを意味しています。

正式な修道者になるには、おおよそ一〇年ほどかかります。男性の修道者を「修道士（ブラザー）」、女性の修道者を「修道女（シスター）」と呼びます。

私が司祭や修道者のことを思うときに思い出すのは、聖ファウスティナの次の言葉です。「イエスさまは、ご受難のときに苦しい思いをなさって十字架を担いで歩かれたが、後に自分の跡をついで宣教を志す人があらわれることを知って、痛みがやわらいだ」。

その言葉を受けるならば、イエスさまや神さまの教えを今なお伝えている司祭や修道者というのは、イエスさまの遺志を継いで宣教活動を行うことによって、イエスさまの苦しみを癒やしていることになるのでしょう。

リジューのテレーズは、宣教師の守護聖人とされています。おそらく彼女が宣教師になりたかったからでしょう。テレーズの『自叙伝』にはこうあります。「世界の五大陸、もっと遠い島々にまでも福音を宣べ伝えたい。宣教師になりたい。……この世の創造の初めから世の終わりまで宣教師でありたい」。神さまのことを伝えたいと願う彼女の強く熱い思いが伝わってくる言葉です。

天に上げられてからもなお、テレーズが残した言葉は私をはじめとする多くの人に神さまのすばらしさを伝えています。その意味で、今やテレーズは全世界を行きわたる宣教師であると言えるでしょう。

教皇について

昨年の一一月、教皇フランシスコが来日されました。教皇の日本訪問は、一九八一年のヨハネ・パウロ二世以来、実に三九年ぶりのことでした。教皇の来日は日本のカトリック信者にとって長年の願いでしたので、大きな喜びに包まれました。私も東京ドームにおける教皇ミサ（教皇が司式するミサ）に参列しました。

教皇とはローマ・カトリック教会における最高指導者のことを言います。教皇の言葉や行いは、世界に約一三億人と言われるカトリック信者はもちろんのこと、そうではない方々にも多大な影響を与えます。そのことは、昨年の教皇来日時における教皇フランシスコのメッセージやスピーチが、テレビやインターネットニュースでも多くとりあげられたことにもあらわれているでしょう。

歴代教皇も、世界平和のために発言し、社会正義に関するメッセージを発信してきました。こうして私がみなさんにお話しすることも、教皇の言葉によるものが多くあります。

私は歴代の教皇に尊敬を抱いていますが、特にここでは二代前の教皇であるヨハネ・パウロ二世のことをご紹介しましょう。

ヨハネ・パウロ二世は、一九二〇年にポーランドで生まれた方です。一九七八年に行われたコンクラーヴェ（教皇を選ぶ選挙）において、史上最年少で、さらには非イタリア人としては実に四五五年ぶりに教皇に選出されました。それから二五年以上にわたり、実に精力的な働きをされました。

その働きの一つは、聖書の研究に力を注がれたということです。ヨハネ・パウロ二世は教皇庁聖書委員会や聖書学者たちに命じ、旧約聖書と新約聖書を徹底的に研究させました。歴史的観点や文学的観点からのアプローチによって、聖書の記述を裏付けられたのです。それによってイエスさまも実際にこの世に存在されたことが証明されました。聖書に描かれることが夢物語や捏造《ねつぞう》ではないことが明らかにされたのは、非常に画期的な出来事でした。

また、一二〇を超える国を訪問したことから「空飛ぶ教皇」とも言われました。さらに、プロテスタントや東方正教会といった他教派、あるいはユダヤ教やイスラム教といった他宗教との対話を積極的にすすめ、諸宗教の人々と祈りを共にしました。若者にも熱心に関わり、「世界青年の日（ワールドユースデー）」という全世界からカトリックの青年たちが集う行事を作りました。

そして、十字軍やユダヤ人迫害といった、カトリック教会が犯し、加担してきた過ちをヨハネ・パウロ二世が謝罪されたことは、キリスト教のみならず世界の歴史において重要な事柄となっています。一九八一年の来日時、広島で「戦争は人間のしわざです。戦争は人間の生命の破壊です。戦争は死です」という言葉を残されたことからもわかるように、一貫して、平和の大切さを訴え続けられました。

考えや主張は保守的とされましたが、心や内面は非常に自由な方だったようです。カメラマンに向かって少しおどけたポーズを取られたなど、その人柄がうかがえるエピソードが多くあります。

ヨハネ・パウロ二世は二〇〇五年に亡くなられた後、二〇一四年に聖人となりました。

幸いなことに、私はヨハネ・パウロ二世に直接お目にかかる機会がありました。その一つは、一九八二年五月二八日、バチカンのサン・ピエトロ広場においてのことです。一般の人々が教皇に直接お目にかかれる、毎週水曜日の「一般謁見」においてでした。その日は五万人とも言われる人々が集まっていました。

運よく教皇さまに割と近いところで写真を四〇枚ぐらい撮りながら、私は教皇さまに「ビバ、パパ（教皇さま）！　ビバ、パパ！」と声をかけていました。すると、教皇さまがこちらを向いて手を振ってくださったのです。それによって私自身、体に力がみなぎってくることがわかりました。

キリスト教を伝えること

キリスト教では、「宣教」という事柄が非常に重んじられています。宣教とは、キリスト教の教えを広めてゆくことを言います。

キリスト教を伝えるにあたって私が大切にしているのは、自分の生き方や言葉を通して多くの方が神さまのすばらしさに触れられますように、とのことです。

キリスト教では、神さまやイエスさまの教えを示す行いやことばを「証し」と呼びます。殉教者（信仰を証しするために自分の命をささげた人）のことを英語でマーターー（Martyr）と言いますが、その言葉はまさに「証し」という意味のギリシャ語に由来しています。私も、自分がイエスさまや神さまのことを「証しする人」であるよう心掛けています。

カトリックの長い歴史において、宣教を担ってきたのは、主に司祭や修道者たちでした。日本にキリスト教を伝えたフランシスコ・ザビエルもイエズス会の司祭でしたし、カトリックの学校を創設したのも主に修道者たちでした。

しかし現在は、信徒（司祭や修道者ではない信者）が宣教を担う時代であるとされます。それは、教皇フランシスコによる「職場においても宣教に励んでほしい」という言葉にも表れています。

フランシスコ・ザビエルの肖像画

日本におけるキリスト教人口は一パーセント程度と言われています。神さまのすばらしさやキリスト教の良さを知らない人がまだまだたくさんいるということです。だからこそ、クリスチャンは自分が受けたすばらしいものを、職場や学校、家庭において伝えることが大切なのです。

信徒の役割について、もう少し深く掘り下げてみましょう。カトリック教会では、信徒は「キリストの祭司職・預言職・王職にあずかっている」と考えています。わかりやすく言うと、信徒には神をたたえる務め、神さまのことを人々に伝えてゆく務め、そして良い社会をつくってゆく務めがあるということです。

「王様のようだ」と言われると、何かものすごく偉くなったかのように思ってしまいます。しかしイエスさまは「あなたがたの中でいちばん偉い人は、いちばん若い者のようになり、上に立つ人は、仕える者のようになりなさい」（ルカによる福音書22章26節）とおっしゃいました。つまり「王職にあずかる」とは、自分は偉いんだとうぬぼれるのではなく、他の人のために仕えなさいということです。

一昔前のカトリックには、司祭や修道者が上に立ち、信徒は下にという考えがありました。しかし今は異なり、それぞれが自分に与えられた使命を生き、宣教に励むようにと言われています。

こうした促しを受けて、私もこうした本やさまざまな機会を通して神さまやキリスト教をみなさんにお伝えしているのです。私がいただいたすばらしい恵みをみなさんにも知っていただきたい！と。

「まえがき」で記したように、教皇フランシスコは、「キリスト教の話をするときは抽象的な話ではなく、具体的な体験を話せ」とおっしゃっています。

そのため、クリスチャンがキリスト教の話をするときには、実際に神さまが自分にどのように働かれたのか、という実体験を語る必要があります。「この食べ物、今まで味わったことがないような繊細な味で、食感もすばらしくて……！」と自分の体験や感動を具体的に相手に伝えるならば、相手も想像がつきやすくなりますし、「それなら私も食べてみたい！」という気持ちになるでしょう。

私もこれから、イエスさまの教えや自分がいただいた恵みのすばらしさをより多くのみなさんにお伝えしていきたいと思っています。

聖人を駒にたとえると

リジューのテレーズ（62頁参照）。彼女の言葉や祈りを読むと、飛車のような格調の高さがありますし、華麗さを覚えます。

アビラのテレサ（62頁参照）。才気あふれ、ダイナミックさを感じさせる方。角のように味わい深く、陰影に富んだ働きをされました。

シエナのカタリナ（61頁参照）。イエスさまからの深くかつ着実な教えを受け留めたので。王さまの両脇を固める「金」のように重要な方。

ファウスティナ（63頁参照）。イエスさまに神秘的に出会い、多くの言葉を残されたので。敵陣突破の要である「銀」同様、大きな働きをされました。

パドアのアントニオ。聖書を暗記し、修道院の料理係もしていた方。なくし物の守護聖人。桂馬のように、軽妙で意表をつく働きをされたので。

使徒トマス。十二弟子の一人。「自分の目で見るまでイエスさまの復活を信じない」と言ったり、インドへ宣教に行ったりと、一本気の性格なので。

3章

人生をより良く生きるために

いのちをどのように捉えるか

昨年の教皇フランシスコ来日時のテーマは、「すべてのいのちを守るため〜PROTECT ALL LIFE」でした。そのことは、現在の日本において「いのち」が重要な課題でありテーマであることを示していると言えるでしょう。

日本の自殺者数は二万人近くに上ります。また、二〇〜三〇代の死因のトップが自死であるのは、先進国では日本だけなのだそうです。中絶や親による幼児虐待といったニュースも後を絶ちません。

いのちのことを考えるにあたって、私の体験をお話ししましょう。

私は将棋の対局中によく空を見上げることがありました。空を見上げながら、「広々とした大空のように、スケールの大きい心でたたかいたいなあ」と思って

ミケランジェロ「アダムの創造」

いました。

しかし今になって、あのときには「ああ、大空は神さまが造られたものだなあ」と思うべきだったと反省しているのです。

多くの人は、空を見上げると「ああ、気持ちいいなあ」と感じることでしょう。けれども、聖書や信仰という見方に立つならば、「神さまが造られた大空はすばらしいなあ」と思うことができるのです。

神さまが天地万物を創造されたというお話が、旧約聖書の創世記の初めに置かれています。それによれば、神さまはまず五日間かけて、太陽や月、星、植物や魚、動物を、六日目には人間を造られ、天地万物を完成されたとあります。この世界やあらゆるいのちは、神さまによって造られたのです。

創世記のこの物語に出会ってから、私のなかにあるいのちに対する理解は変わり、それと同時に自然や動物に対する思いも深められていきました。

そうした自分の経験から、いのちを考えるときには、創世記の創造物語を思い起こすのがよいと私は感じています。私たちを大切にしてくださる、あわれみ深くいつくしみ深い神さま、すべてを治められ、時を超えて働かれる神さまが、あらゆるいのちを造られた、と。

そうすれば、「なぜ人を殺してはいけないのか」という問いに対する答えも自ずから与えられます。神さまによって与えられたいのちを人間が殺《あや》めるなどもってのほかだからです。神さまが造られたいのちに、人があれやこれやと手を出すことはできないのです。

その意味で、戦争は絶対にあってはならないものだと私は思います。名も知らず顔も知らない人を殺すなど、どう考えても神さまの思いに逆らうからです。いのちは奪われ、人は不幸になり、何一つ良いことがありません。

神さまが天地万物を造られたということは、使徒信条（キリスト教信仰の基本的な内容を表すもの）においても言及されます。使徒信条の冒頭には「天地の創造主、全能の父である神を信じます」という言葉が置かれています。

それほどまでに、「神さまがこの世界のあらゆるものを造られた」ということは、キリスト教の信仰においても非常に大切なことなのです。

あらゆるものは神さまによって造られたことを踏まえた上で、自分や他の人、他の生き物に向き合うとき、いのちに対する思いや考え方も変わってくるのではないでしょうか。

思いがけない出来事がもたらすもの

私たちが生きるなかでは、思いがけない出来事に出会うことが多々あります。良い出来事ばかりであれば問題ないのですが、自分の行いに関係なく不条理や理不尽に思えることが降りかかってくることもあります。

悩みのなかにあるときというのは、直面している出来事ばかりが目に入り、身動きが取れなくなってしまうことがほとんどです。厳しい状況が続くときには、「ここから逃げたい!!」とばかり思ってしまうものです。

しかし、すこし視点を変えて考えてみましょう。

これまでもご紹介した「山上の垂訓」には、逆転の発想があらわされているとも言えます。「貧しい人々は、幸いである」「今飢えている人々は、幸いである」「今泣いている人々は、幸いである」と述べられますが、普通私たちは「貧しい人々」「飢えている人々」「泣いている人々」になりたくありません。そうした人々を不幸な存在であるとすら思うことでしょう。ところがイエスさまは、そういう人こそ「幸いである」とおっしゃるのです。そうした逆転の発想に基づいて、私たちが直面するものを見ると、捉え方が変わってきます。

たとえば、第一志望の学校に落ちてしまったとしましょう。行きたかった学校に行けないのは悲しく残念なことです。しかし、すこし考え方を変えてみると、第二志望の学校に行ったからこそ、あの良い先生やかけがえのない親友に出会えたということにもなります。

ある出来事が思いがけない意味をもった私の体験を、二つほどお話ししましょう。

前年のA級順位戦を勝ち続けた私は、一九八二年三月に名人戦の挑戦者になりました。そのとき名人であった中原誠さんを相手に、四月から七月にかけて大熱戦を繰り広げた末、私は名人のタイトルを獲得しました。

その年の一月、棋聖戦の五番勝負で私は二上《ふたかみ》達也さんに負けていました。もし勝っていたならば、六月頃に名人戦と同時に棋聖戦を戦うことになっていたのです。棋聖戦敗退は残念なことでしたが、負けたことによって名人戦に集中することができました。同時に二つのタイトル戦を戦うことは荷が重いことですので、もし棋聖戦で勝っていたら、名人にはなれなかったかもしれません。


もう一つは、二〇一七年に日本将棋連盟の規定によって公式戦から引退したときのことです。一般的に、引退は悲しいことと受け取られるかもしれませんが、私の場合は「神さま、引退ということですね。わかりました。静かに受け入れます」という気持ちで受けとめていました。

引退直前、私にこのような出来事がありました。それは、ゆるしの秘跡でのことです。私の告白を聴いていた司祭に、「あなたは仕事が嫌いですか？」と尋ねられたのです。私は素直に「仕事が好きです」と答えました。するとその司祭は「では仕事をしなさい」とおっしゃったのです。

正直、引退を控えてこれからのことなど未知である私に「仕事をしなさい」とおっしゃるとは不思議だな……と思いました。けれども、イエスさまの代理人である司祭が「仕事をしなさい」とおっしゃるということは、イエスさまが私に仕事をさせようとしているのだ、と悟りました。

すると、仙台白百合女子大学の客員教授、テレビの報道番組出演や私の番組制作などのお仕事をいただき、プロ棋士としての現役時代以上に忙しい日々を送るようになったのです。

私たちの人生には、自分の予想を超えたことが次々に起こります。しかし、思いがけないことや大変なことがあっても、いつかその出来事の意味がわかる日が来ることを、自分の体験から感じています。

愛するということ

キリスト教は「愛」の宗教であると言われます。聖書では「神は愛」という言葉をはじめ、多くの箇所で愛について記されます。しかし、「では、愛とは具体的に何であるのか？」と問われれば、なかなかよい答えが見つからないものです。パウロは、愛についてこのように述べています。

愛は忍耐強い。愛は情け深い。ねたまない。愛は自慢せず、高ぶらない。礼を失せず、自分の利益を求めず、いらだたず、恨《うら》みを抱かない。不義を喜ばず、真実を喜ぶ。すべてを忍び、すべてを信じ、すべてを望み、すべてに耐える。愛は決して滅びない。（コリントの信徒への手紙一13章4～8節）

パウロのこの言葉は、イエスさまの「山上の垂訓」をも思い起こさせます。山上の垂訓において、「愛」という言葉は用いられません。しかしパウロが語る愛を読めば、それがイエスさまがおっしゃった「柔和さ、憐れみ深さ」と同じ内容であるとわかります。

「柔和さ」は忍耐や寛容をもって相手を思いやることですし、「憐れみ深さ」を言い換えるならば、それは感情的にいらだたず、愛ややさしさに満ちあふれる心をもって人に対して良い言葉や行いを示すことだからです。

「愛」について思いめぐらすとき、私のなかには二つの言葉が思い浮かびます。「他人に対して寛容に」そして「心のなかの静けさを保つこと」です。

他の人と関わるときには、「寛容」が重んじられます。私たちは「自分は正しい、相手が間違っている」と思いがちです。けれども、日常生活を平和に送るためには、「自分の考え方だけが絶対だ」という思いから離れることが必要になり

リジューのテレーズ

ます。「私の意見が絶対正しい！」と一方的に主張し続けるならば、相手は困ってしまいます。

さらに言うならば、誰でもミスや過ちを犯します。どんなプロ棋士であってもケアレスミスをするのと同様です。自分も過ちを犯しているのなら、相手のミスにも寛容であるべきでしょう。リジューのテレーズも「完全な寛容さは、他者の過ちを我慢し、その過ちに憤慨しないことです」と『自叙伝』で述べています。

もう一つの「心の静けさ」も「寛容」と関わることです。

旧約聖書のイザヤ書には「落ち着いて、静かにしていなさい。恐れることはない」（7章4節）という言葉があります。これは、強大な敵国に自国が攻め滅ぼされるかもしれないとの恐怖を抱く王さまに対して、預言者であるイザヤが述べたものです。人間的な知恵や策にすがるのではなく、落ち着いた心で神さまに頼りなさい、ということを私たちに伝えています。

私たちは、誰かとトラブルが起こると、早急にそれを解決しようとします。場合によっては、「あの人が間違っている」と、相手の言動を裁きがちです。しかし、心を静かに落ち着かせることによって、「なぜあの人はあのように言ったのだろうか」と思う心のゆとりが生まれ、相手の考えや言動を理解することができるようになります。心に静けさを保つことによって、相手の立場に立って物事を考えることができるようになるのです。

リジューのテレーズは、人それぞれがもっている特徴や特性を見極めた上で、相手が良い方向に向かうように接していました。あるシスターには努力してやさしく接し、ある後輩のシスターを指導するときにはあえて厳しくしました。

このテレーズの行いは、彼女の寛容さや心の静けさを表していると言えます。相手の立場に立って物事を考え、自分のなすべきことを見極めていたからです。その意味で、テレーズはまさに愛徳の人であったのです。

家庭や子育てにおいて大切なこと

現在の日本では、家庭内暴力や虐待といった悲しい問題がよく起きているようです。みなさんの家庭はどのようなご家庭でしょうか。

旧約聖書（続編）には「家の中で獅子（ライオン）のようにふるまうな」（シラ書4章30節）とあります。つまり、家では何か相手に噛みつくような態度をとるのではなく、おだやかにあることが大切だと聖書は語っているのです。

あらゆる人間関係においても言えることですが、平和な家庭を築くには、相手に対して感情的にならないことが不可欠です。いら立つときにも、感情に振り回されるがままに相手に八つ当たりしたりするのではなく、グッとこらえることが大切です。怒りに振り回されていたならば、家族のみんなは疲弊《ひへい》してしまいます。

また、家庭が平安であることは、子育てをする上でも大切です。親がいつもパートナーや子どもに当たり散らしているようであれば、子どもは家で安心して過ごすことができませんし、その子どもの成長にも良い影響を与えません。家庭というのは、そこにいる誰もがほっとできる空間であるべきです。

私には四人の子どもがいます。子どもたちを幼稚園に送っていったこともありますし、娘が小学生だったときに学校の課題を手伝うこともありました。将棋の棋士は比較的時間を自由に使えるので、よく子どもたちと一緒に『赤毛のアン』や『ニルスのふしぎな旅』といったテレビを観ましたし、『ブレーメンの音楽隊』や『うさこちゃん』といった本の読み聞かせもしていました。

そうした経験から、子育てのときには聖書の次の言葉を参考にするのがよいのではないかと思っています。

あなたがたのだれが、パンを欲しがる自分の子供に、石を与えるだろうか。……あなたがたは悪い者でありながらも、自分の子供には良い物を与えることを知っている。まして、あなたがたの天の父は、求める者に良い物をくださるにちがいない。

（マタイによる福音書7章9～11節）

「良い物」が何かと言えば、先ほど述べた平和な家庭環境や教育、精神的な養いといったものをあげることができるでしょう。さらに、信仰や祈りも「良い物」であると言えます。

ですから私は、そうしたことを子どもたちに伝えるようにしてきました。たとえば、我が家では、夜に家族みんなで共に祈る習慣がありました。私が対局で家にいないときにも、家族は祈っていました。妻は子どもたちが眠くなる前に祈りの時間をもつことを心がけていたそうです。

同時に、子どもに対する厳しさも「良い物」となることでしょう。いくら子どもがかわいくても、悪いことをしたときには注意すべきだからです。叱ることを避けていては、その子どもは一人の人間として自立できなくなってしまいます。必要に応じて叱るのも親の役目です。

ただ私は、子どもを叱るときに心がけていたことがあります。それは、叱る理由や根拠を示すということです。叱られる理由がわからなければ、子どもは混乱するだけです。私の家庭では、子どもたちを訳もなく叱ったことはありません。

教皇フランシスコは、生涯をかけて子育てに取り組んだ人を「隠れた聖人」だとおっしゃいます。生活で繰り返される料理、洗濯、掃除といった一つひとつのことを誠実に行う人への感謝を、私自身忘れないようにしたいと思います。

良い人間関係を築くためには

生きるなかでは、どうしても難しい人間関係にぶつかるものです。うれしく楽しいことばかりであればよいのですが、どうしてもそうはいきません。

人間関係を考えるにあたって私が大切にしている聖書の言葉をご紹介しましょう。

「あなたは、兄弟の目にあるおが屑《くず》は見えるのに、なぜ自分の目の中の丸太に気づかないのか」（ルカによる福音書6章41節）です。この言葉が述べているのは、他人の小さな欠点は見えているのに、どうして自分の大きな欠点には気づけないのかということです。

そのように言われると「確かにそうだ」と思われるのではないでしょうか。

私たちは誰かに怒りを覚えるとき「どうしてあの人は自分の言ったとおりにしてくれないのだ」「何で自分のことを理解してくれないのだ」と相手のことばかりを責めがちです。「どこか自分にも悪い点がなかっただろうか」とはなかなか考えることができないものです。

だからこそ、私たちは家族、友人、職場の人たちと関わるときには、まず自分自身を見つめることが大切となります。

次にお伝えしたいのは、「柔和」の大切さです。

イエスさまはご自分のことを「わたしは柔和で謙遜な者」（マタイによる福音書11章29節）であるとおっしゃっていますし、「山上の垂訓」には「柔和な人々は、幸いである」という言葉が出てきます。さらに教皇フランシスコも「人というのはどんなときも柔和を失ってはいけない」とおっしゃっています。

人というのは感情のおもむくままに生きていたら幸せになることが難しいで

しょう。人から言われる心ない言葉にいちいちムッとして怒ったりしていれば、なかなか良い人間関係を築くことができないからです。

「目には目を、歯には歯を（やられたら、やり返す）」といった精神で相手に接したり、感情的な反応ばかりして人生を送ったりしていたならば、必ず失敗し、その人自身幸せになれません。おだやかに、そして相手へ配慮ある態度をとることによって、自分も相手も幸せになれるのです。

リジューのテレーズは、まさに「柔和」を体現していた人でした。

彼女は『自叙伝』において「悪魔が、あまり好きになれないあの姉妹（シスター）この姉妹の欠点を心の目につかせようとするとき、私は急いでその方の徳や良い望みを探します」と述べています。テレーズほどの人であれば、相手の欠点などすぐに見抜いたことでしょうが、それを悪魔の誘惑として退けたわけです。

私たちも誰かの欠点を見ようと思えばいくらでも見つけることができます。

しかしそのことによってどれぐらいの幸せや幸福が訪れるかを考えれば、テレーズが言わんとしたことがよくわかるはずです。

すでにご紹介しましたが、シエナのカタリナは、「もし、隣人からどんな意外なことを話しかけられ、どんなにとんでもないことを言われても、それは、その背後にいらっしゃる神さまがその人にそうした言葉を言わせている」と言いました。

私たちは、厳しいことや意外なことを言われたりすることで動揺したり、怒りを覚えたりします。しかし後から振り返って考えれば、その言葉によって自分の考え方が修正されて良い方向に物事が進んだ、あるいは大きな間違いを犯さずに済んだということがあります。

その意味で、相手の言葉や行動は自分に何を示しているのかを、おだやかな気持ちのうちに思いめぐらすことが大切なのです。

病気や死に直面するとき

誰もが平等に経験するものがあります。それは「死」や「病」です。死にたくない、病気にかかりたくないと願う人もいるかもしれませんが、この世に生きるものであればいつの日か必ず向き合うことになります。

自分や他の人の病気や苦しみに直面したときには、「自分が何か悪いことをしたから病気になったのだろうか」、あるいは「あの人が苦しんでいるのは、人の悪口ばかり言っている罰が当たったからだ」と思われるかもしれません。

しかし、自分や知人が病気などになったときに、「どうしてそうなったのか」とあれこれ考え、「その理由はこうこうだ」と探るのはやめたほうがよいと私は思っています。善人であれ悪人であれ、病気にかかるからです。

病気や苦しみといったことを考えるにあたって参考となる、旧約聖書のヨブ記のお話をご紹介しましょう。こういうお話です。

あるところに、神さまを信じ、悪を避けて生きているヨブという義人《ぎじん》がいました。彼は、多くの家族と豊かな財産のうちに幸せに生きていました。それを見たサタンは、神のもとにやってきて「あなたが家族や財産を与えているからヨブはあなたを畏れているのだ。もしそれらが奪われ、命にかかわることをされればヨブはあなたを呪うでしょう」と言います。サタンに対して神さまは「では、お前の好きなようにしてよい」、つまりヨブを試してもよいと言われたのです。

その後ヨブの子どもたちは死に、財産は奪われ、ヨブ自身ひどい病気になります。そして阿鼻叫喚の極みのなかで、ヨブは自分が生まれた日を呪うのです。

見舞いにやってきたヨブの友人たちは、慰めの言葉を失い、ついにはこのように言います。「あなた（ヨブ）がそのような目にあっているのは、何か悪いことをしたからではないか」と。友人たちは、ヨブの病気や苦しみを、ヨブの行いの悪さがもたらした神さまからの罰だと理解しているのです。旧約聖書の時代には、「正しい人には祝福が、罪人には罰が与えられる」という考え方がありましたので、彼らがそのように考えたのは当たり前と言えば当たり前です。

ここで押さえておきたいのは、ヨブが病気になったりその家族や財産が奪われたりしたのは、あくまで「不幸にあっても、ヨブは神さまを信じ続けるか」を試すためであったということです。友人たちはそうしたことも知らずに、ヨブの行いの悪さによって不幸がもたらされたと主張しているのです。

そのことを踏まえれば、私たちは自分や周囲の人たちが病気や苦しみに直面する本当の理由はわからない、ということになるでしょう。だからこそ、自分や人の病気や苦しみの原因をあれこれと想像し、「きっと因果応報に違いない」などと考えるのはいかがなものか、と私は思うのです。私たちが直面する出来事の背後には、私たちの想像を超えた神さまの思いやご計画があるからです。

すでにご紹介したシエナのカタリナは「人は死の間際に愛をもって、愛の心境で亡くなるのがよい」と教えています。この言葉を私なりに言い換えるならば、「死に向かうときには、人に対して恨みつらみを抱くのではなく、人生を肯定しなさい」となります。

もちろん、独断や自己満足による「肯定」では困ります。しかし、楽しかったこと苦しかったこと、それらすべてによって今の自分があることを感謝しながら最期の時を迎えるのがよいと私は思っています。

聖書やキリスト教から学ぶことの一つは「済んだことにはこだわらない」です。とかく私たちは昔を振り返り「ああすればよかった、こうすればよかった」と落ちこみがちです。しかし、「過去は秘跡をもっても変えられない」というコルベ神父の言葉にもあらわれていますが、過去はどうすることもできないものです。さらに、過去に引きずられていては、今をおろそかにしてしまいます。自分を超えた存在に委ねながら、今を大切に生きたいと思います。

若い世代の人たちに伝えたいこと

私たち夫婦は、カトリック聖イグナチオ教会で「結婚講座」の講師を長年にわたってしています。結婚講座とは、教会で結婚式を挙げたいと希望される方に、キリスト教的人生観をお伝えするクラスです。

そのなかで関わる若い世代の方からは、多くを教えられています。あるとき、私が「家庭生活ではある程度の我慢が必要です」とお伝えすると、ある若い方が「加藤先生、それぐらいはわかっています」と言われたのです。すでにそうしたことをわきまえているのか、と驚いてしまいました。

またあるカップルに「どういう家庭を築きたいですか？」と聞いたところ、「信頼と理解にあふれる家庭を築いていきたい。亡くなった後も共にいたい」との答えが返ってきて、来世のことまで考えているとは！と感動しました。

シエナのカタリナ

そうした経験から、若い人たちに対して「もっとちゃんといろいろなことを勉強しなさいよ」と思うことはほとんどありません。むしろ彼らに感心することのほうがしきりです。

ただ、若い方よりは私のほうが人生を長く歩んできましたので、生きるヒントになるような言葉をお伝えしたいと思います。まずは、シエナのカタリナの言葉です。彼女によれば、人間には二つの「最大の誘惑」があるとされています。

一つ目の誘惑は、「自分の人生は何も欠けたものがなく、一〇〇点満点」とうぬぼれて何も努力しないこと、すなわち「傲慢《ごうまん》」です。

私が日々好んで唱える祈りに、「神よ、私は驕《おご》らず高ぶらず、身に余ることを求めようとしない」というものがあります。この祈りも、傲慢を戒めています。

私も身のほどを知り、身に余ることは求めないよう心がけ、自分には過ぎたものだと思う仕事はお断りするようにしています。できないことをしようとすると、無理して失敗するからです。

二つ目の誘惑は、「自分の人生はあまりにひどいものだったので、私など救われるはずがない」と思うこと、すなわち「絶望」です。

これは、神さまの愛はどんな大きな罪よりも大きいということを忘れている状態で、あらゆる希望を打ち消します。「群衆が飼い主のいない羊のように弱り果て、打ちひしがれているのを見て、深く憐れまれた」（マタイによる福音書9章36節）とあるように、弱り果てる私たちのことをも神さまは決して見捨てません。

また、これからどのように生きていけばよいのかと考えている方にご紹介したいのは、教皇フランシスコの「青年たちは、できるだけ早い時期に自分の進むべき道を考えるようにしましょう」という言葉です。

若いときには「自分の才能が生かされる職業は何だろうか？　どのような人

生を歩むのが幸せだろうか？」と、自分の将来をあれこれ悩みます。しかし、いつまでも悩み続けることはできません。しかるべきときに、自分が歩んでいくべき道を見極め、その道を進んでいくことが必要です。

ある司祭は「仕事は質と量だ」とおっしゃいました。これは普遍的な教えであると思います。私の場合であれば、仕事の質は将棋の内容、仕事の量は将棋の勝ち星ということになります。仕事のことを考えるときには、どれくらいお金を稼ぎ、どれくらいの業務をこなしたかだけではなく、仕事の内容や、仕事によって自分の内面がどれくらい豊かになったかもぜひ振り返ってみてください。

教皇フランシスコは、「良い友情を育み、他人を気遣い、自分とは異なる意見や経験に対しても尊敬の念を抱くように」とおっしゃいます。

みなさんが、家族や友人、パートナーを大切にしながら多くのことを学び、良い生き方をされることを私も願っています。

所にちりばめられているキリスト教文学です。

最近もこの本を読みました。このお話に登場するミリエル司教と主人公ジャン・バルジャンが繰り広げたような出来事が、ロシアの教会でもあったそうです。

◉映画

「ベン・ハー」（1959年）

チャールトン・ヘストン主演のアメリカ映画です。イエス・キリストの時代が舞台となっているので、当時の歴史的背景やローマ帝国の状況がよくわかります。主人公ベン・ハーを中心に、ゆるし、親友との友情や裏切りといった物語が展開します。ベン・ハーが十字架への道で倒れているイエスさまに水を差しだすシーンは実に感動的です。ガレー船の場面、躍動感あふれる戦車競走のシーンも必見です。

ちなみに、プロ棋士仲間である内藤國雄《くにお》さんは、この映画の戦車競走のシーンに触発されて、「ベン・ハー」と題する111手詰めの詰将棋を完成させました。

オススメの音楽、文学、映画

◉音楽

モーツァルト《戴冠ミサ（K.317)》《大ミサ曲（K.427)》

どちらもミサ曲（カトリックのミサで歌われる音楽）です。《大ミサ曲》は、モーツァルトには珍しく、依頼されてではなく神への感謝をこめて自発的に作った曲です。対局の前日には、この《戴冠ミサ》や《大ミサ曲》、《レクイエム（K.626)》をよく聴きました。

J. S. バッハ《マタイ受難曲（BWV244)》

イエス・キリストの十字架の受難を描く曲を《受難曲》と呼びます。《マタイ受難曲》は、新約聖書のマタイによる福音書に基づく受難曲のことです（ヨハネによる福音書に基づく《ヨハネ受難曲》もあります）。数々の有名なコラールも入っている名曲です。

◉文学

ヴィクトル・ユーゴー『レ・ミゼラブル』

名作中の名作、圧巻としか言えないでしょう。回心やゆるし、愛といったキリスト教のキーワードが随

あとがき

私の好きな聖書の言葉にこのようなものがあります。

空の鳥をよく見なさい。種も蒔《ま》かず、刈り入れもせず、倉に納めもしない。……野の花がどのように育つのか、注意して見なさい。働きもせず、紡ぎもしない。しかし、言っておく。栄華を極めたソロモンでさえ、この花の一つほどにも着飾ってはいなかった。……だから、明日のことまで思い悩むな。明日のことは明日自らが思い悩む。その日の苦労は、その日だけで十分である。

（マタイによる福音書６章26～34節）

みなさんにお話ししてきたように、私のこれまでの歩みにもさまざまな困難な局面がありました。

しかし、この言葉にも表されるような、神さまへのゆるぎない信頼と、神さまが与えてくださる恵みや力があったからこそ、こうして今まで生きてこられたことを思います。

その意味で、私は神さまが生きて働いていらっしゃることを強く感じています。


一九七〇年に洗礼を受けてからの五〇年を振り返るとき、自ずから新約聖書のルカによる福音書に描かれる「エマオの旅人」というお話を思い起こします。それは、イエスさまが十字架につけられて亡くなったという悲しみのうちにうなだれている弟子二人と共に、気づかれないままに復活されたイエスさまがエマオという場所に向かって歩んでくださったというお話です。

イエスさまが弟子と共に歩まれたように、この五〇年間、神さまはいつも私と共に歩んでくださっていました。

神さまが造られたこの世界は、「本当にそんなことあるの……?」というような神秘や奇跡にあふれています。そしてこの私も、神さまが起こしてくださった奇跡としか言いようのないものを、「祈り」や「秘跡」そして「巡礼」といったものを通して実際に体験してきました。

みなさんもその歩みのなかで、この世界にあふれているすばらしいものにこれから出会っていかれますよう、心から祈っています。

二〇二〇年八月二八日　聖アウグスティヌスの記念日に

加藤一二三

【装幀、口絵・章扉デザイン】桂川潤
【写真（ジャケットおもて面、ジャケット袖、本扉）】大竹みゆき
【編集協力】宮本久雄

加藤一二三（かとう・ひふみ）

将棋棋士。1940 年 1 月 1 日生まれ、福岡県出身。
14 歳で当時史上最年少の中学生プロ棋士となり「神武以来《このかた》の天才」と評された。史上最速でプロ棋士最高峰の A 級八段に昇段して以来、最年長勝利記録・史上最多対局数を記録。
名人、十段、王位、棋王、王将のタイトルを獲得。

2017 年に現役引退後、バラエティ番組等にも多数出演し、「ひふみん」の愛称でも親しまれる。

仙台白百合女子大学客員教授。

だから私は、神を信じる

2020 年 9 月 25 日　初版発行
2021 年 5 月 25 日　3 版発行

著　者　加　藤　一　二　三

発　行　日本キリスト教団出版局

〒 169-0051　東京都新宿区西早稲田 2 の 3 の 18
電話・営業 03（3204）0422、編集 03（3204）0424
https://bp-uccj.jp/
印刷・製本　三秀舎

ISBN978-4-8184-1058-9　C0016
日キ販
Printed in Japan